BEI GRIN MACHT SICH IHR WISSEN BEZAHLT

AF145434

- Wir veröffentlichen Ihre Hausarbeit, Bachelor- und Masterarbeit

- Ihr eigenes eBook und Buch - weltweit in allen wichtigen Shops

- Verdienen Sie an jedem Verkauf

Jetzt bei www.GRIN.com hochladen und kostenlos publizieren

Bibliografische Information der Deutschen Nationalbibliothek:

Die Deutsche Bibliothek verzeichnet diese Publikation in der Deutschen National-bibliografie; detaillierte bibliografische Daten sind im Internet über http://dnb.d-nb.de/ abrufbar.

Dieses Werk sowie alle darin enthaltenen einzelnen Beiträge und Abbildungen sind urheberrechtlich geschützt. Jede Verwertung, die nicht ausdrücklich vom Urheberrechtsschutz zugelassen ist, bedarf der vorherigen Zustimmung des Verlages. Das gilt insbesondere für Vervielfältigungen, Bearbeitungen, Übersetzungen, Mikroverfilmungen, Auswertungen durch Datenbanken und für die Einspeicherung und Verarbeitung in elektronische Systeme. Alle Rechte, auch die des auszugsweisen Nachdrucks, der fotomechanischen Wiedergabe (einschließlich Mikrokopie) sowie der Auswertung durch Datenbanken oder ähnliche Einrichtungen, vorbehalten.

Impressum:

Copyright © 2013 GRIN Verlag
Druck und Bindung: Books on Demand GmbH, Norderstedt Germany
ISBN: 9783668739307

Dieses Buch bei GRIN:

https://www.grin.com/document/431124

Johannes Veeh

Konzeption zur Auswahl eines betrieblichen Informationssystems am Fallbeispiel LaKu-Bau GmbH

GRIN Verlag

Inhaltsverzeichnis

Abkürzungsverzeichnis

ERP   Enterprise Resource Planning

IS   Informationssysteme

IT   Informationstechnologie

KMU   Kleine und mittelständische Unternehmen

OSS   Open Source Software

1 Einleitung

Wurden Informationssysteme (IS) in ihren Anfängen in den 1950er-Jahren hauptsächlich zur Unterstützung der Ausführungsebene bei der Effizienzsteigerung eingesetzt, so müssen sie sich heute an den obersten finanziellen Zielen eines Unternehmens messen lassen.[1] Gerade in Deutschland sind kleine und mittelständige Unternehmen (KMU) die treibende Kraft für die wirtschaftliche Leistungsfähigkeit des Landes. Dieser Mittelstand benötigt betriebliche IS zur Unterstützung seiner Geschäftsprozesse als einer der entscheidenden Wettbewerbsfaktoren, um in einer globalisierten Welt mithalten zu können.[2] Aber gerade KMU haben meistens ein begrenztes Budget und unzureichende informationstechnische (IT)-Ressourcen für die Anschaffung und den Unterhalt eines betrieblichen IS.[3] Um diesen Spagat zwischen den wenigen Ressourcen und dem Einsatz des wirtschaftlichsten Systems für das Unternehmen realisieren zu können, ist der Auswahlprozess umso wichtiger.

Der Autor setzt sich daher in der vorliegenden Arbeit das Ziel, anhand eines Fallbeispiels aus dem Mittelstand, die strukturierte Vorgehensweise bei der Auswahl eines betrieblichen IS aufzuzeigen. Der Schwerpunkt liegt dabei auf der Ausgestaltung der einzelnen Phasen der Methodik, wobei einige Elemente aus dem Projektmanagement Einzug finden werden. Die Einführung einer solchen Software stellt für ein Unternehmen ein nicht unerhebliches Risiko für den wirtschaftlichen Erfolg dar, eine sorgfältige Planung und Durchführung des Projekts ist daher unumgänglich.[4] Dabei werden nicht gegebene Punkte mit frei definierten Annahmen aufgefüllt, um die Struktur vollständig umsetzen zu können.

Zunächst werden im allgemeinen Teil folgende Fragen beantwortet: Welche Ziele könnte die Kühlbaulat mit der Einführung des neuen IT-Systems verfolgen? Ist dabei eine integrierte Lösung anzustreben? Welche Möglichkeiten der Integration von Informationssystemen gibt es und welche bieten sich für die Kühlbaulat an? Anschließend wird im praktischen Teil das Projekt „IT im Kühlaggregatbau" des Mittelständlers Kühlbaulat GmbH[5] bearbeitet und mit Hilfe eines Phasenmodells die Vorgehensweise der Softwareauswahl aufgezeigt. Dabei wird ein Projektteam gebildet, das das Projekt initialisiert, eine fachliche und IT-technische Anforderungsanalyse erstellt, um daraus ein Pflichtenheft auszuarbeiten. Daraufhin folgt der Softwareauswahlprozess. Die Arbeit endet mit der Zusammenfassung der Kernaussagen.

---

[1] Vgl. Alpar et al. (2011), S. 24-25
[2] Vgl. Weisbecker (2012), S. 6-7
[3] Vgl. Gronau (2004), S. 14
[4] Vgl. Hesseler (2008), S. 97
[5] Bei diesem Namen handelt es sich um ein fiktives Unternehmen

2 Allgemeiner Teil

2.1 Ziele bei der Einführung eines betrieblichen Informationssystems

Grundsätzlich lassen sich folgende Ziele bei der Einführung eines IS setzen: Einmalige Datenerfassung, Zugriff aller Mitarbeiter auf eine einheitliche Datenbasis, Zeitersparnis durch verkürzte Durchlaufzeiten, Entlastung des Personals durch Unterstützung von Routinetätigkeiten, ständige Kontrolle von Prozessen, termingerechte Fertigung und Auslieferung, schnelle Abfrage von Beständen, Kostenersparnis durch Verkürzung von Ablaufzeiten, Einbindung von Lieferanten und Kunden in das IS und verstärkte Kundenbindung.[6] Da sich die Ansprüche jedes Unternehmens unterscheiden, ist diese Liste nicht vollkommen.

Um die Ziele der Kühlbaulat festzulegen, sind zu allererst die vorhandenen Probleme in der Wertschöpfungskette zu analysieren.[7] Hierbei wird deutlich, dass es vor allem an der abteilungsübergreifenden Kommunikation mangelt, da wichtige Absprachen nicht getroffen werden. So sind vor allem die Probleme mit der termingerechten Fertigung und Auslieferung der Maschinen sowie eine kontinuierliche Fertigungsplanung als erforderliche Ziele bei der Einführung des neuen IS zu sehen. Notwendig dafür ist eine einheitliche Software für alle Abteilungen, die auf einer konsistenten Datenbasis aufbaut und somit aktuelle und richtige Informationen für die Mitarbeiter in deren Arbeitsprozessen liefert. Letztendlich ist hierbei die zentrale Strategie des Unternehmens, zum Beispiel die der Differenzierung zu anderen Mitbewerbern, durch das neue IT-System zu unterstützen.[8]

2.2 Notwendigkeit einer integrierten Lösung

Bei den momentan im Einsatz befindlichen Systemen der Kühlbaulat handelt es sich um funktionsorientierte Insellösungen, die untereinander nicht vernetzt sind. Sie sind dabei nur innerhalb ihrer eigenen Grenzen wirksam, unterstützen nur einzelne Prozessschritte und sind somit für die jeweilige Aufgabe hochspezialisiert.[9] Das Gegenteil davon sind integrierte IS, auch Enterprise-Resource-Planning-Systeme (ERP-Systeme) genannt, die Funktionen aus mehreren Unternehmensbereichen abdecken.[10]

Gronau stellt hierzu fest:

---

[6] Vgl. Fischer (2008), S. 161
[7] Anlage 1 listet die existierenden Hauptprobleme der Kühlbaulat auf.
[8] Vgl. Kilian et al. (2009), S. 17
[9] Vgl. Kauermann (2013), S. 4
[10] Vgl. Abts (2002), S. 4

„Wesentliches Merkmal von ERP-Systemen ist die Integration verschiedener Funktionen, Aufgaben und Daten in ein Informationssystem. Als minimaler Integrationsumfang ist eine gemeinsame Datenhaltung anzusehen."[11]

Allein die gemeinsame Datenhaltung stellt bei dem neuen IT-System der Kühlbaulat eine Grundvoraussetzung dar, um die einzelnen Prozesse entlang der Wertschöpfungskette mit aktuellen und richtigen Informationen unterstützen zu können. Weitere Vorteile von ERP-Systemen liegen in der Automatisierung von Abläufen und in der Standardisierung von Prozessen.[12] Da auch hier ein Mangel im Unternehmen vorherrscht, ist eine integrierte Lösung für die Abteilungen Forschung und Entwicklung, Marketing und Vertrieb, Produktion, Materialwirtschaft und Personalmanagement anzustreben.

2.3 Möglichkeiten der Integration von Informationssystemen

Wie schon in Kapitel 2.2 angedeutet, gibt es verschiedene Möglichkeiten der Integration von betrieblichen IS. Hierbei werden verschiedene Anwendungssysteme auf unterschiedliche Art und Weise miteinander verbunden, um am Ende ein einheitliches Gesamtsystem zu erhalten. Schwarze nennt hierfür die Integrationsmerkmale Konzept, Richtung, Reichweite, Objekt und Intensität.[13]

Beim Integrationsmerkmal Konzept wird entweder die Technik, die Organisation oder die Methode in den Vordergrund gestellt.[14] Da die Kühlbaulat mit dem neuen System komplett verändert werden muss, wird eine Festlegung auf ein einziges Konzept nicht möglich sein.

Bei der Richtung kann entweder zwischen einer horizontalen oder einer vertikalen Integration unterschieden werden. Im ersten Fall betrifft dies abteilungs- bzw. funktionsübergreifende Abläufe und im zweiten Fall, wenn mit dem System neben Datenhaltung und Disposition auch analytische Aufgaben wahrgenommen werden, entscheidungsträchtige Ebenen.[15] Da es im Unternehmen überwiegend Probleme an den Schnittstellen zwischen den Abteilungen gibt, sollte der Fokus auf die horizontale Integration gelegt werden.

Das Merkmal der Reichweite bezieht sich ebenfalls auf die horizontale Aufbauorganisation und reicht dabei über die Unternehmensgrenze hinaus. So ist bei der abteilungsweiten Reichweite nur die Integration des Anwendungsprogramms innerhalb der jeweiligen Abteilung gegeben, wobei bei der größten Ausprägung auch überbetriebliche Partner in das Sys-

---

[11] Gronau (2004), S. 4
[12] Vgl. Schertler (1985), S. 58 f.
[13] Vgl. Schwarze (2000), S. 132, Anlage 2 liefert einen grafisch aufbereiteten Überblick über die Merkmale zur Unterscheidung der Integrationsarten.
[14] Vgl. Hesseler (2008), S. 27
[15] Vgl. Gronau (2004), S. 6

tem eingebunden sind.[16] Der Schwerpunkt bei der Kühlbaulat ist erst einmal unternehmens-
weit zu setzen.

Als nächstes Unterscheidungsmerkmal steht das Objekt zur Verfügung, das sich je
nach Ausprägungstiefe von der Datenintegration, über die Funktions-, Programm- und Me-
thodenintegration zur höchsten Form, der Prozessintegration, steigern lässt.[17] Bei der ersten
Stufe werden zum Beispiel alle unternehmensrelevanten Daten in einer zentralen Datenbank
gespeichert. Dies verhindert für die Kühlbaulat die Haltung von doppelten Datensätzen und
auch eine bessere Wartbarkeit bei strukturellen Veränderungen in der Zukunft. Von dieser
Grundlage aus sollte das Unternehmen die Prozessintegration anstreben, da nur hier die
Geschäftsprozesse innerhalb der Wertschöpfungskette miteinander verbunden sind.

Als letzten Punkt ist der Grad der Intensität zu nennen. Hier unterscheidet Schwarze
teil- und vollautomatische Systeme.[18] Für die mittelständische Firma sollte bei der momenta-
nen Betriebsgröße von 500 Mitarbeitern ein teilautomatisches IS ausreichen.

3 Projekt „IT im Kühlaggregatbau"

*„Ein Projekt ist ein Vorhaben, das im Wesentlichen durch die Einmaligkeit der Bedingungen
in ihrer Gesamtheit gekennzeichnet ist, wie z.B. Zielvorgabe, zeitliche, finanzielle, personelle
oder andere Begrenzungen, Abgrenzungen gegenüber anderen Vorhaben und projektspezi-
fische Organisation."*[19]

Diese Definition der DIN ist beim Projekt „IT im Kühlaggregatbau" gegeben. Da eine umfangreiche Softwareeinführung einen starken Einfluss auf den zukünftigen Unternehmenserfolg
nimmt, ist hierfür ein umfangreiches Projektmanagement aufzustellen. Dies gewährleistet,
dass das Projekt innerhalb des vorgesehenen Zeit- und Kostenrahmens abgeschlossen werden kann.[20] Als Grundlage für die strukturierte Vorgehensweise wird das Modell von
Schlichtherle zur Einführung eines ERP-Systems verwendet.[21]

Die fünf Phasen des IT-Projekts der Kühlbaulat sind folgende:

- Phase 1 – Bildung des Projektteams
- Phase 2 – Projektinitialisierung
- Phase 3 – Fachliche und IT-technische Anforderungsanalyse
- Phase 4 – Pflichtenherstellung
- Phase 5 – Softwareauswahl

---

[16] Vgl. Schwarze (2000), S. 133
[17] Vgl. Mertens (2000), S. 2 f.
[18] Vgl. Schwarze (2000), S. 136
[19] DIN 69901
[20] Vgl. Teich (2008), S. 191
[21] Anlage 3 zeigt das Vorgehensmodell zur Projektdurchführung.

Durch die Verwendung eines solchen Vorgehensmodells wird erstens die Komplexität des Projekts reduziert und die Transparenz erhöht. Zweitens können am Ende jeder Phase Meilensteine gesetzt werden, bei denen längere Abschnitte abgeschlossen werden und somit das Projektmanagement vereinfachen.[22]

3.1 Phase 1: Bildung des Projektteams

Zuallererst sind die notwendigen Personen auszuwählen und in einer Kick-Off-Veranstaltung über die Ziele des Projekts, gewisse Rahmenbedingungen und die jeweiligen Aufgaben innerhalb des Projekts zu informieren. Wichtig ist für die spätere Zusammenarbeit auch die Definition der Informations- und Kommunikationswege.[23] Da die Kühlbaulat nur wenig Erfahrung mit Projekten besitzt und alle Mitarbeiter in der Linienorganisation parallel weiterhin ihren Aufgaben nachkommen müssen, fällt hier die Entscheidung für die Stab-Linien-Projektorganisation.[24] Diese Organisationsform setzt sich dabei aus folgenden Personen und Gruppen zusammen: Auftraggeber, Projektleiter, Lenkungsausschuss und Projektmitarbeiter.[25]

Der Auftraggeber gibt die Ziele des Projekts vor und überprüft die Ergebnisse im Hinblick auf diese Ziele. Außerdem stellt er die notwendigen Ressourcen zur Verfügung und nimmt am Ende die Projektleistung ab.[26] Diese Position nimmt bei der Kühlbaulat der Leiter des Geschäftsbereichs Aggregatbau Herr Kuhl ein.

Führung und Motivation der Projektmitarbeiter einerseits, Planung und Überwachung der anfallenden Projekttätigkeit andererseits sind die Hauptaufgaben eines Projektleiters.[27] Entsprechende fachliche, Sozial- und Führungskompetenzen sollten bei ihm vorhanden sein.[28] In der gewählten Organisationsform besitzt er nur eingeschränkte Befugnisse, da er als Stabsstelle agiert und außerdem die Entscheidungen des Lenkungsausschusses akzeptieren muss.

Dieser Lenkungsausschuss überwacht dabei nicht nur den Projektfortschritt, sondern unterstützt auch die Klärung wichtiger Probleme und Konflikte.[29] Er sollte im bevorstehenden Projekt aus dem Auftraggeber und den Abteilungsleitern bestehen.

Das Projektteam sollte neben einzelnen Personen aus dem IT-Bereich hauptsächlich aus Mitarbeitern der einzelnen Fachbereiche gebildet werden. Nur so lässt sich das Wissen bündeln und Einführungswiderstände, die bei jedem IT-Projekt vorhanden sind, von vornhe-

---

[22] Vgl. Hesseler (2008), S. 114-115
[23] Vgl. Teich (2008), S. 197
[24] Anlage 4 zeigt die Vor- und Nachteile der einzelnen Projektorganisationsformen auf.
[25] Anlage 5 zeigt die Projektstrukturierungsform grafisch aufbereitet.
[26] Vgl. Alpar et al. (2011), S. 318
[27] Vgl. Grupp (2003), S. 42
[28] Anlage 6 zeigt die fachlichen Kenntnisse und persönlichen Fähigkeiten die ein Projektleiter haben sollte.
[29] Vgl. Alpar et al. (2011), S. 318

rein ausschalten.[30] Für ein tatkräftiges, fokussiertes und produktives Projektteam müssen jedoch die klassischen vier Schritte Forming, Storming, Norming und Performing innerhalb der Gruppe durchlaufen werden, worüber bei den Teammitgliedern Klarheit herrschen sollte.[31]

Da das Wissen über ERP-Systeme innerhalb des Unternehmens sehr gering ist, entscheidet sich die Unternehmensführung außerdem für den Projektstart, bei der Zusammenstellung des Pflichtenhefts und der Softwareauswahl einen erfahrenen und in diesem Bereich kompetenten IT-Fachberater hinzuzuziehen.[32] Seine Mitwirkung kann die Zielfindungs- und Auswahlphase wesentlich abkürzen.[33]

3.2 Phase 2: Projektinitialisierung

In Phase 2 wird das Projekt „IT im Aggregatbau" vom Lenkungsausschuss initialisiert, worauf der Projektleiter zusammen mit seinem Team einen detaillierten Projektplan[34] ausarbeitet, der als zentrales Steuerungsinstrument des Projekts gilt.[35] Dabei sollte ein grober Ablauf- und Terminplan[36] der bevorstehenden Aufgaben in der Form eines Balkendiagramms oder Meilenstein-Netzplans nicht fehlen.[37] Gerade weil die Projektmitglieder weiterhin Aufgaben auf ihrer Position in der Linienorganisation wahrnehmen müssen, ist es ratsam, einen Kapazitätsplan[38] für die einzelnen Projektmitarbeiter aufzustellen, um eventuelle Probleme mit deren Vorgesetzten aus dem Wege zu gehen. Somit wird von vornherein klar geregelt, wie viele Stunden ihrer Arbeitszeit die Mitarbeiter für das IT-Projekt verwenden dürfen.

3.3 Phase 3: Fachliche und IT-technische Anforderungsanalyse

Die Phase 3 des IT-Projekts zur Einführung eines betrieblichen IS bei der   Kühlbaulat beginnt mit der Durchführung einer Ist-Analyse.[39] Dieser Prozess ist deshalb so wichtig, da jeder Projektmitarbeiter den aktuellen Zustand samt seiner Probleme kennen muss, um daraufhin produktiv im bevorstehenden Projekt mitarbeiten zu können. Gerade für externe IT-Spezialisten oder IT-Fachberater, die sich im Untersuchungsgebiet nicht auskennen und am Projekt mitwirken sollen, ist dieser Lerneffekt unerlässlich.[40] Bei diesem Vorgang werden die relevanten Geschäftsprozesse ermittelt und dazu die verschiedensten Datenerhebungen

---

[30] Vgl. Grupp (2003), S. 41
[31] Vgl. Kilian et al. (2009), S. 50
[32] Anlage 7 zeigt eine Checkliste zur Auswahl eines IT-Fachberaters.
[33] Vgl. Grupp (2003), S. 49
[34] Anlage 8 zeigt eine grafische Übersicht über die durchzuführenden Planungsaufgaben.
[35] Vgl. Teich (2008), S. 198
[36] Anlage 9 zeigt einen solchen Terminplan für das Projekt der Kühlbaulat auf.
[37] Vgl. Grupp (2003), S. 60
[38] Anlage 10 zeigt den Kapazitätsplan für die Projektmitglieder auf.
[39] Anlage 11 stellt die Ist-Analyse für die Kühlbaulat dar.
[40] Vgl. Grupp (2003), S. 63

durchgeführt. Daraus werden die vorhandenen Schwachstellen[41] des jetzigen Systems analysiert, um am Schluss die erforderlichen Maßnahmen in einem Soll-Konzept[42] ableiten zu können.[43] Zu berücksichtigen sind hier systemtechnische Anforderungen und Restriktionen sowie Schnittstellen zu Nachbarsystemen.[44] Auch die Sammlung von Software-Marktinformationen fällt in diese Phase, um einen ersten Marktüberblick zu gewinnen. Aus zeitlichen Gründen fällt die Entscheidung bei der Kühlbaulat auf fertige Software. Neben den großen Anbietern von ERP-Systemen haben sich in den letzten Jahren gerade für KMU einige Anbieter aufgezeigt, die Open-Source-Software (OSS) anbieten. Da der größte Teil der Kosten für die Einführung von ERP-Systemen für die unternehmensspezifische Anpassung, notwendige Datenübernahme aus Altsystemen und für die Schulung der Mitarbeiter ausgegeben werden muss, kann der scheinbare Kostenvorteil bei OSS auch hier ein Planungsrisiko sein.[45]

3.4 Phase 4: Pflichtenhefterstellung

In der Phase 4 wird das Pflichtenheft[46] erstellt, in dem der jeweilige Softwareanbieter und das kaufende Unternehmen gemeinsam festlegen, wie die konkrete Umsetzung des IT-Projekts vorgesehen ist. Da dieses später Bestandteil des Vertrages wird, ist es rechtssicher und umfangreich zu formulieren.[47] Grundlage des Heftes sind die in der vorangegangenen Phase erstellte Ist-Analyse, die Schwachstellenanalyse und das Soll-Konzept. Außerdem sollte es eine Kurzpräsentation des eigenen Unternehmens und gewisse Randbedingungen wie ein Mengengerüst oder Vorgaben aus der Projektplanung enthalten. Wenn es übersichtlich aufgebaut wurde, ist es nicht nur eine gute Visitenkarte der eigenen Firma, sondern motiviert die angesprochenen Anbieterfirmen zur Abgabe eines Angebots.[48] Weiterhin werden in dieser Phase der Projektplan verfeinert, diverse Checklisten zusammengestellt und erste Vertragsverhandlungen mit Softwareanbietern begonnen.

3.5 Phase 5: Softwareauswahl

Die Phase 5 – Softwareauswahl – beginnt mit einer Vorauswahl der in Frage kommenden Softwareanbieter. Da es für die meisten Software-Bedarfe meist mehr als 20, für einige sogar mehr als 100 Anbieter gibt, ist hier ein strukturiertes Vorgehen sinnvoll.[49] Dabei werden zum einen die Produkte aussortiert, die bei den selbst gesetzten fachlichen Anforderungen

---

[41] Anlage 12 stellt die Schwachstellenanalyse für die Kühlbaulat dar.
[42] Anlage 13 stellt das Soll-Konzept der Kühlbaulat dar.
[43] Vgl. Blume (1997), S. 91 f.
[44] Vgl. Grupp (2003), S. 58
[45] Vgl. Kramer (2012), S. 20 f.
[46] Anlage 14 enthält das Pflichtenheft der Kühlbaulat.
[47] Vgl. Teich (2008), S. 55
[48] Vgl. Grupp (2003), S. 117 f.
[49] Vgl. Teich (2008), S. 17

die K.O.-Kriterien aus dem Soll-Konzept nicht erfüllen. Zum anderen werden mit Hilfe von Checklisten Anbieter gestrichen, die gewisse Anforderungen an die Qualität seines Mitarbeiterpotenzials und Marktsicherheit der Unternehmung nicht erfüllen.[50] Um die einzelnen Punkte beantworten zu können sind Referenzkunden zu befragen, Studien auszuwerten, Gespräche mit Unternehmensberatern zu führen und Messebesuche durchzuführen.

Nur für die verbleibenden drei bis vier Softwareanbietern macht es Sinn, eine umfangreiche Softwareevaluation durchzuführen. Dabei können Referenzkunden direkt vor Ort besucht oder die Anbieter um eine Softwaredemonstration gebeten werden.[51] Vor der der endgültigen Entscheidung sollte außerdem eine Nutzwertanalyse[52] durchgeführt werden, die die Kriterien zur Entscheidungsfindung entsprechend gewichtet. Daraufhin wird ein Vertrag mit dem Softwareanbieter über die Überlassung der gewünschten Software und deren Module abgeschlossen.

4 Fazit

Ausgehend von den Grundlagendefinitionen zu integrierten betrieblichen Informationssystemen wurde im zweiten Teil der vorliegenden Arbeit versucht, anhand eines Fallbeispiels ein Konzept innerhalb eines Phasenmodells zur Softwareauswahl eines ERP-Systems bei einem KMU zu erstellen. War schon bei dieser Problemstellung die Komplexität des Projekts hoch, so ist sie in der unternehmerischen Praxis sicherlich noch um einiges höher. Gerade bei der Definition der fachlichen Anforderungen an die Software zeigte sich, dass eine voll umfassende Auflistung dieser kaum möglich ist. Außerdem ist es bei einem solchen Vorhaben unerlässlich, die einzelnen Phasen strukturiert und wohlüberlegt anzugehen. Letztendlich kommt es bei einem solchen IT-Projekt[53], wie beim Klang von Musik, auf die Erfahrung und Professionalität eines jeden Projektbeteiligten an, um aus vielen kleinen Schritten eine für das Unternehmen erfolgreiche Softwareauswahl zu treffen.[54]

---

[50] Anlage 15 enthält eine Checkliste für die Aussortierung von Anbietern bei der Kühlbaulat.
[51] Vgl. Grupp (2003), S. 147 f.
[52] Anlage 16 enthält eine Nutzwertanalyse für die Kühlbaulat.
[53] Anlage 17 enthält Erfolgsfaktoren für IT-Projekte.
[54] Vgl. Teich (2008), S. 120

Literaturverzeichnis

Buchquellen

Abts, D; Mülder, W. (2002): Grundkurs Wirtschaftsinformatik – Eine kompakte und praxisorientierte Einführung, Springer Vieweg, Wiesbaden

Alpar, P. et al. (2011): Anwendungsorientierte Wirtschaftsinformatik - Strategische Planung, Entwicklung und Nutzung von Informationssystemen, Vieweg+Teubner Verlag, Wiesbaden

Blume, A. (1997): Projektkompass SAP – Arbeitsorientierte Planungshilfe für die erfolgreiche Einführung von SAP-Software, Gabler Verlag, Wiesbaden

Buschermöhle, R.; Eekhoff, H.; Bernhard, J. (2006): SUCCESS – Erfolgs- und Misserfolgsfaktoren bei der Durchführung von Hard- und Softwareentwicklungsprojekten in Deutschland, BIS-Verlag, Oldenburg

Fischer, D. (2008): Unternehmensübergreifende Integration von Informationssystemen – Bestimmung des Integrationsgrades auf elektronischen Marktplätzen, Gabler Verlag, Wiesbaden

Hesseler, M; Görtz, M. (2008): Basiswissen ERP-Systeme – Auswahl, Einführung & Einsatz betriebswirtschaftlicher Standardsoftware, W3L-Verlag, Herdecke/Witten

Jungebluth, V. (2008): Das ERP-Pflichtenheft – Enterprise Resource Planning, mitp Verlag, Heidelberg

Kilian, D. et al. (2009): ERP-Lösungen für Klein- und Mittelbetriebe – IT-Systeme zur Geschäftsprozess-Unterstützung, Linde Verlag, Wien

Kramer, F.; Gómez, J; Pousttchi, K. (2012): Enterprise Resource Planning in kleinen und mittleren Unternehmen – Vergleichende Studie von proprietärer und Open-Source-Software, in: Hildebrand, K. (2012/Hrsg.): IT im Mittelstand, dpunkt.verlag, Heidelberg

Gronau, N. (2004): Enterprise Resource Planning und Supply Chain Management – Architektur und Funktionen, Oldenbourg Verlag, München

Grupp, B. (2003): Das IT-Pflichtenheft zur optimalen Softwarebeschaffung, mitp-Verlag, Bonn

Mertens, P. (2000): Integrierte Informationsverarbeitung, Gabler Verlag, Wiesbaden

Schlichtherle, O. (1998): Standardsoftware im Unternehmen erfolgreich einsetzen – eine praxisbezogene Einführung, Verlag Praxiswissen, Dortmund

Schertler, W. (1985): Unternehmensorganisation – Lehrbuch der Organisation und strategische Unternehmensführung, Oldenbourg Verlag, München

Schwarze, J. (2000): Einführung in die Wirtschaftsinformatik, nwb Verlag Neue Wirtschafts-Briefe, Herne/Berlin

Teich, I.; Kolbenschlag, W.; Reiners, W. (2008): Der richtige Weg zur Softwareauswahl, Springer Verlag, Heidelberg

Weisbecker, A. (2012): Neue Chancen für den Mittelstand, in: Hildebrand, K. (2012/Hrsg.): IT im Mittelstand, dpunkt.verlag, Heidelberg

Artikel aus dem Internet

Kauermann, R. (2013): Software Insellösungen versus prozessorientiertes Unternehmensinformationssystem, URL: http://www.easyfairs.com/uploads/tx_ef/ Kauermann_Software_Inselloesungen.pdf, Abruf vom 13.12.2013

Aßmann, U. (2009): Projektorganisation, URL: http://st.inf.tu-dresden.de/files /teaching/ss09/SWM/03-projektorganisation.pdf, Abruf vom 14.12.2013

Anlage

A.1 Probleme der Kühlbaulat mit der existierenden Lösung

- Feste Termine mit Kunden werden nicht eingehalten, da die Mitarbeiter in der Produktion über diese nicht Bescheid wissen.
- Die Montage stockt häufig, weil wichtige Bauteile fehlen.
- Stark schwankende Auslastung der Montage.
- Schlechte Zuordnung der Aufträge beim Versand, oft fehlen Versandpapiere.

A.2 Merkmale zur Unterscheidung der Integrationsarten

Integrationsarten				
Konzept	Richtung	Reichweite	Objekt	Intensität
technisch	horizontal	Abteilung	Daten	vollautomatisch
organisatorisch	vertikal	Bereich	Funktionen	teilautomatisch
methodisch		Unternehmen	Programme	
		extern	Methoden	
			Prozesse	

Vgl. Schwarze (2000), S. 132

A.3 Vorgehensmodell zur Projektdurchführung

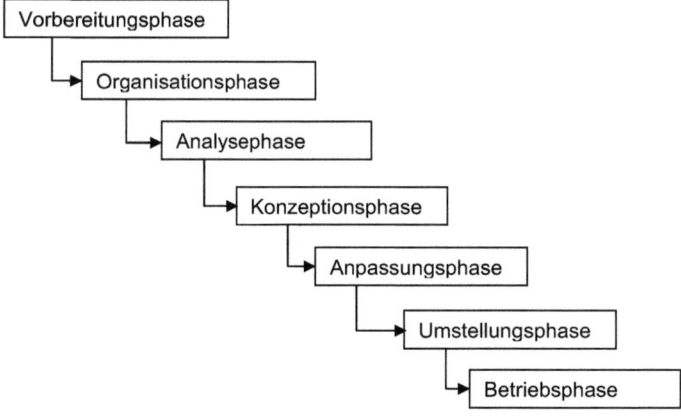

Vgl. Schlichtherle (1998), S. 141

A.4 Vor- und Nachteile der Projektorganisationsformen

Projekte in der Linienorganisation

Vorteile	Nachteile
• Eindeutige Zuordnung der Mitarbeiter • Klare Regelung der Fachverantwortung und Weisungsbefugnis • Kleine Wiedereingliederung nötig • Informations- und Kommunikationswege eindeutig abgegrenzt	• Informations- und Kommunikationswege bei größeren Unternehmen umständlich • Informationen bleiben „hängen" • Unflexibel bei Veränderungen

Stab-Linien-Projektorganisation

Vorteile	Nachteile
• Geringe organisatorische Änderungen • Flexibler Personaleinsatz • Mitarbeiter können in parallelen Projekten tätig sein • Keine Wiedereingliederung notwendig • Kostengünstig	• Kompetenzschwierigkeiten • Geringe Identifikation der Mitarbeiter mit dem Projekt • Dezentralisierung • Kontrolle der Arbeit • Rolle und Befugnisse des Projektleiters sind gering

Matrix-Projektorganisation

Vorteile	Nachteile
• Optimale Kapazitätsauslastung (flexibler Mitarbeitereinsatz) • Mitarbeiter können parallel in mehreren Projekten mitarbeiten • Zuständigkeit ist klar geregelt • Geringe organisatorische Umstellung, keine Wiedereingliederung • Spezialwissen von Mitarbeitern	• Weisungskonflikte „Niemand kann zwei Herren dienen" • Hoher Kommunikationsaufwand durch geteilte Kompetenzen • Verunsicherung der Mitarbeiter

Reine Projektorganisation

Vorteile	Nachteile
• Eindeutige Weisungsbefugnis • Arbeitsleistung der Mitarbeiter ist höher • Hohe Identifikation der Mitarbeiter mit dem Projekt • Entscheidung können schnell getroffen werden • In der Regel kürzere Projektlaufzeiten	• Hohe Kosten der Projektgruppenbildung • Wiedereingliederung nach Projektabschluss ist problematischer • Starke Ressourcenbindung • Gefahr der Spezialisierung • Eventuell Abkapselung gegenüber anderen Projektgruppen

Vgl. Aßmann (2009), S. 36 f.

A.5 Projektstrukturierungsform der Kühlbaulat

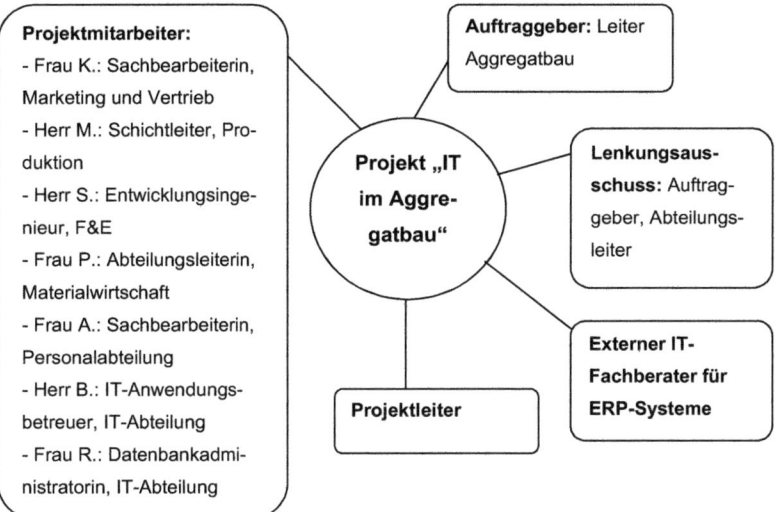

Projektmitarbeiter:
- Frau K.: Sachbearbeiterin, Marketing und Vertrieb
- Herr M.: Schichtleiter, Produktion
- Herr S.: Entwicklungsingenieur, F&E
- Frau P.: Abteilungsleiterin, Materialwirtschaft
- Frau A.: Sachbearbeiterin, Personalabteilung
- Herr B.: IT-Anwendungsbetreuer, IT-Abteilung
- Frau R.: Datenbankadministratorin, IT-Abteilung

Auftraggeber: Leiter Aggregatbau

Projekt „IT im Aggregatbau"

Lenkungsausschuss: Auftraggeber, Abteilungsleiter

Externer IT-Fachberater für ERP-Systeme

Projektleiter

In Anlehnung an Hesseler (2008), S. 120

A.6 Anforderungen an einen Projektleiter

Kenntnisse	Erfahrungen
<ul><li>Aufgaben der vom Projekt betroffenen Bereiche und deren Schnittstellen</li><li>Unternehmensprinzipien, -politik und -organisation</li><li>Betrieb, Wirtschaft und Wettbewerb</li><li>Planungsmethoden und Kontrollverfahren</li><li>Betriebswirtschaftliche Grundlagen und Zusammenhänge</li><li>Gewerkschafts- und Betriebsratsorganisation</li><li>Relevante Gesetze und Verordnungen</li><li>Psychologische und soziologische Grundlagen</li></ul>	<ul><li>Organisieren von Arbeit</li><li>Führen von Gesprächen, Verhandlungen und Präsentationen</li><li>Führen von Mitarbeitern</li><li>Erstellen von Plänen (Termin-, Personal-, Budget-, ...)</li><li>Überwachen von Plänen</li><li>Lösen von Konflikten bzw. unerwarteten Problemfällen</li><li>Durchführung ähnlicher Projektaufgaben (z.B. Einführung von Standardsoftware)</li></ul>
Fähigkeiten	**Persönlichkeit**
<ul><li>Entscheidungen zu treffen</li><li>Mitarbeiter zu motivieren</li><li>Stärken und Schwächen von Mitarbeitern zu erkennen und ihren Einsatz zu steuern</li><li>Teamfähigkeit und in der Lage sein, eine Gruppe zu leiten</li><li>Sich durchzusetzen, Vorgesetzte zu überzeugen</li><li>Zu kommunizieren, frei zu sprechen, zuzuhören</li><li>Projektsteuerungstechniken zu benutzen</li><li>Kreativ Lösungsalternativen suchen und finden</li><li>Lösungsalternativen zielorientiert detaillieren und bewerten</li></ul>	<ul><li>Aufgeschlossenheit für Neuerungen und Änderungen</li><li>Hilfsbereitschaft gegenüber Mitarbeitern</li><li>Takt, Ausgeglichenheit</li><li>Bereitschaft zu delegieren</li><li>Mut zu entscheiden und Druck zu widerstehen</li><li>Zusammen mit Mitarbeitern beratschlagen</li><li>Bereitschaft, Hilfe anzunehmen</li><li>Förderung der Teamarbeit</li><li>Ausdauer und Beständigkeit</li><li>Vertrauen zu Teammitgliedern</li></ul>

Vgl. Hesseler (2008), S. 109 f.

A.7 Checkliste zur Auswahl eines IT-Fachberaters

Checkliste - Unternehmensberater	Ja	Nein	Wichtig
Ist der Geschäftsführer oder Inhaber des Beratungsunternehmens bekannt?	X		
Ist der Projektleiter, der die Aufgaben vor Ort bearbeitet, bekannt?		X	
Sind die Berater des Beratungsunternehmens, die vor Ort arbeiten, bekannt?		X	
Wie groß ist die Entfernung des Beraters zum eigenen Standort (Zeitaufwand, Reisekosten, wie werden diese berechnet)?	10KM, pauschale Abrechnung		
Ist die ganz klare Aufgabenstellung schriftlich formuliert?	X		X
Ist die Aufgabenstellung intern abgestimmt mit - der Geschäftsführung? - dem Fachbereich? - der EDV-/Organisationsabteilung? - dem Betriebsrat?	X		X
Hat der Berater die Aufgabenstellung richtig verstanden und im Angebot präzise beschrieben?	X		X
Ist der Berater spezialisiert auf - die Branche? - Das firmenspezifische Problem?	X		X
Wurde mit Referenzkunden des Beraters gesprochen, wurden Ergebnisse analysiert?	X		X
Entwickelt der Berater eine klare, verständliche und auf das Unternehmen passende Vorgehensweise im Projekt?	X		X
Ist das Projekt und die Aufgabenstellung in abprüfbare Phasen und Arbeitsschritte gegliedert? Ist der Zeitplan seriös?	X		X
Berücksichtigt das vereinbarte Vorgehen realistisch die eigenen Personalkapazitäten im Unternehmen?	X		X
Ist die Ergebnispräsentation bzw. Realisierung abgestimmt im Hinblick auf - Form? - Inhalt? - Zeitpunkt?		X	
Sind die Beratungskosten eindeutig festgelegt?	X		X
Kann ein Sicherungseinbehalt bis zur endgültigen Abnahme des Konzepts und/oder der realisierbaren Lösung vereinbart werden?	X		

In Anlehnung an Jungebluth (2008), S. 97 f.

A.8 Fragestellungen für die Projektplanung

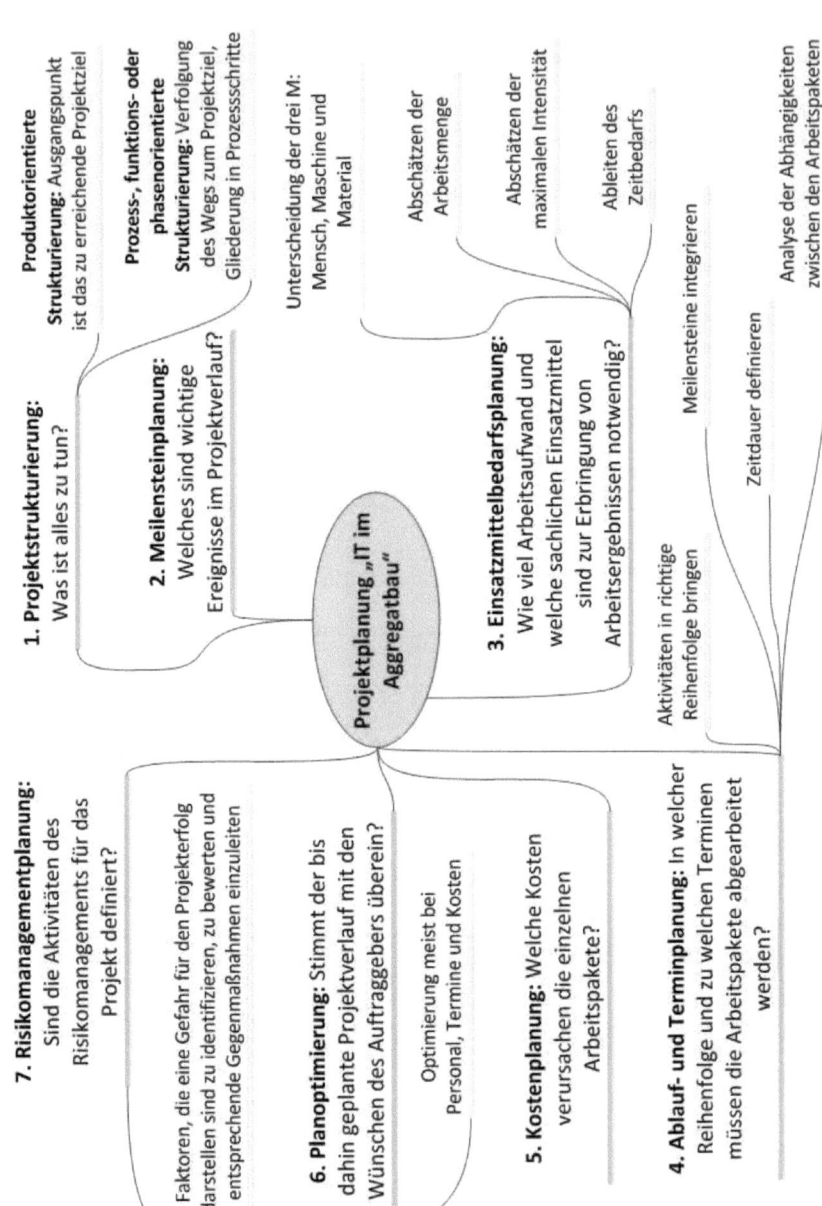

7. Risikomanagementplanung: Sind die Aktivitäten des Risikomanagements für das Projekt definiert?

Faktoren, die eine Gefahr für den Projekterfolg darstellen sind zu identifizieren, zu bewerten und entsprechende Gegenmaßnahmen einzuleiten

6. Planoptimierung: Stimmt der bis dahin geplante Projektverlauf mit den Wünschen des Auftraggebers überein?

Optimierung meist bei Personal, Termine und Kosten

5. Kostenplanung: Welche Kosten verursachen die einzelnen Arbeitspakete?

4. Ablauf- und Terminplanung: In welcher Reihenfolge und zu welchen Terminen müssen die Arbeitspakete abgearbeitet werden?

Produktorientierte Strukturierung: Ausgangspunkt ist das zu erreichende Projektziel

Prozess-, funktions- oder phasenorientierte Strukturierung: Verfolgung des Wegs zum Projektziel, Gliederung in Prozessschritte

1. Projektstrukturierung: Was ist alles zu tun?

2. Meilensteinplanung: Welches sind wichtige Ereignisse im Projektverlauf?

Unterscheidung der drei M: Mensch, Maschine und Material

Abschätzen der Arbeitsmenge

Abschätzen der maximalen Intensität

Ableiten des Zeitbedarfs

Projektplanung „IT im Aggregatbau"

3. Einsatzmittelbedarfsplanung: Wie viel Arbeitsaufwand und welche sachlichen Einsatzmittel sind zur Erbringung von Arbeitsergebnissen notwendig?

Aktivitäten in richtige Reihenfolge bringen

Meilensteine integrieren

Zeitdauer definieren

Analyse der Abhängigkeiten zwischen den Arbeitspaketen

Vgl. Alpar (2011), S. 320 f.

VIII

A.9 Ablauf- und Terminplan

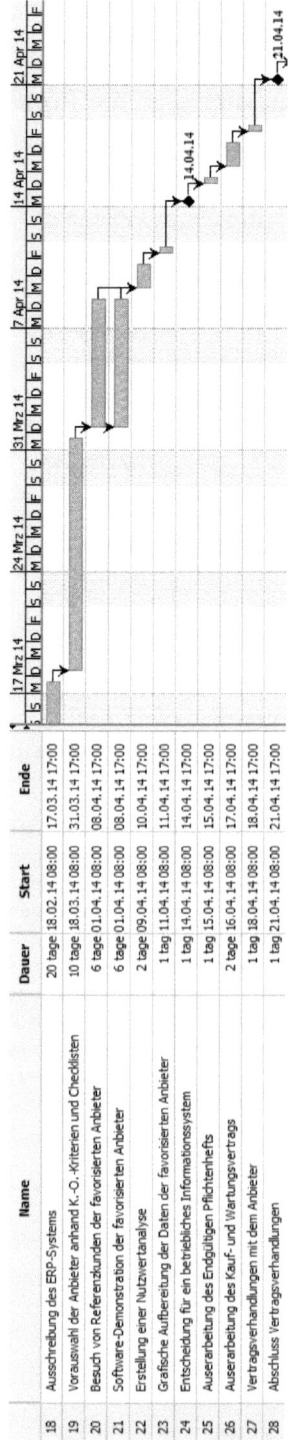

#	Name	Dauer	Start	Ende
1	Aufnahme der Organisationsstruktur	1 tag	13.01.14 08:00	13.01.14 17:00
2	Aufnahme der Arbeitsplätze und Funktionseinheiten	2 tage	14.01.14 08:00	15.01.14 17:00
3	Aufnahme Verfahrensabläufe und Prozesse	5 tage	16.01.14 08:00	22.01.14 17:00
4	Aufnahme der IT-Infrastruktur	2 tage	16.01.14 08:00	17.01.14 17:00
5	Ermittlung der Schwachstellen bei Verfahrensabläufen und Prozessen	3 tage	23.01.14 08:00	27.01.14 17:00
6	Aufbereitung der Datensammlung	1 tag	28.01.14 08:00	28.01.14 17:00
7	Abnahme Ist-Analyse	1 tag	29.01.14 08:00	29.01.14 17:00
8	Neugliederung der Organisation	1 tag	30.01.14 08:00	30.01.14 17:00
9	Neugestaltung der Arbeitsplätze und Funktionseinheiten	1 tag	31.01.14 08:00	31.01.14 17:00
10	Neugestaltung der Verfahrensabläufe und Prozesse	3 tage	03.02.14 08:00	05.02.14 17:00
11	Definition der Schnittstellen	2 tage	03.02.14 08:00	04.02.14 17:00
12	Definition der Rahmenbedingungen	2 tage	06.02.14 08:00	07.02.14 17:00
13	Schriftliche Ausarbeitung des Soll-Konzepts	1 tag	10.02.14 08:00	10.02.14 17:00
14	Abnahme Soll-Konzept	1 tag	11.02.14 08:00	11.02.14 17:00
15	Erstellung einer Kurzpräsentation des Unternehmens	1 tag	12.02.14 08:00	12.02.14 17:00
16	Erstellung des Pflichtenhefts durch Zusammenführung der Daten	2 tage	13.02.14 08:00	14.02.14 17:00
17	Abnahme Pflichtenheft	1 tag	17.02.14 08:00	17.02.14 17:00

#	Name	Dauer	Start	Ende
18	Ausschreibung des ERP-Systems	20 tage	18.02.14 08:00	17.03.14 17:00
19	Vorauswahl der Anbieter anhand K.-O.-Kriterien und Checklisten	10 tage	18.03.14 08:00	31.03.14 17:00
20	Besuch von Referenzkunden der favorisierten Anbieter	6 tage	01.04.14 08:00	08.04.14 17:00
21	Software-Demonstration der favorisierten Anbieter	6 tage	01.04.14 08:00	08.04.14 17:00
22	Erstellung einer Nutzwertanalyse	2 tage	09.04.14 08:00	10.04.14 17:00
23	Grafische Aufbereitung der Daten der favorisierten Anbieter	1 tag	11.04.14 08:00	11.04.14 17:00
24	Entscheidung für ein betriebliches Informationssystem	1 tag	14.04.14 08:00	14.04.14 17:00
25	Ausarbeitung des Endgültigen Pflichtenhefts	1 tag	15.04.14 08:00	15.04.14 17:00
26	Ausarbeitung des Kauf- und Wartungsvertrags	2 tage	16.04.14 08:00	17.04.14 17:00
27	Vertragsverhandlungen mit dem Anbieter	1 tag	18.04.14 08:00	18.04.14 17:00
28	Abschluss Vertragsverhandlungen	1 tag	21.04.14 08:00	21.04.14 17:00

In Anlehnung an Alpar (2011), S. 326

A.10 Kapazitätsplan der Projektmitglieder

Projekt-mitglied	Zeitraum	Vereinbarte Kapazität	Vereinbarte Projekt-zeit pro Woche
Frau K.	13.01.14 bis 17.02.14, 15.04.14 bis 22.05.14	20%	8 Stunden
Herr M.	13.01.14 bis 22.05.14	50%	20 Stunden
Herr S.	13.01.14 bis 21.04.14, 02.05.14 bis 22.05.14	10%	4 Stunden
Frau P.	13.01.14 bis 27.01.14, 12.02.14 bis 14.04.14, 22.04.14 bis 22.05.14	30%	12 Stunden
Frau A.	30.01.14 bis 02.05.14, 20.05.14 bis 22.05.14	60%	24 Stunden
Herr B.	13.01.14 bis 22.05.14	50%	20 Stunden
Frau R.	13.01.14 bis 17.02.14, 15.04.14 bis 22.05.14	30%	12 Stunden

A.11 Ist-Analyse der Kühlbaulat

1 Einleitung
Im Zuge des Workshops zum Projekt „IT im Kühlaggregatbau" entstand diese fachliche und IT-technische Anforderungsanalyse mit allen Projektbeteiligten. Sie soll die momentane Situation der Kühlbaulat GmbH möglich realitätsnah darstellen, um ein davon ausgehendes Soll-Konzept erstellen zu können.

2 Ist-Zustand
2.1 Einrichtungen
2.1.1 Gliederung der Organisation
Die mittelständische Unternehmung Kühlbaulat GmbH mit seinen derzeit zirka 500 Mitarbeitern ist funktional organisiert. Unter der Geschäftsleitung gibt es die Abteilungen Forschung und Entwicklung, Marketing und Vertrieb, Materialwirtschaft, Produktion und Personal.

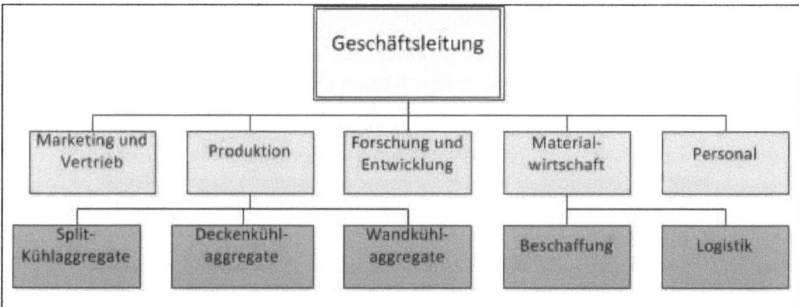

2.1.2 Arbeitsplätze und Funktionseinheiten

- **Mitarbeiter und deren Qualifikation:** Alle Mitarbeiter sind für ihre jeweiligen Positionen in dem produzierenden Unternehmen bestens ausgebildet. Die Leitungsebenen bilden sich regelmäßig weiter und geben ihr Wissen an ihre Mitarbeiter weiter. Bei der IT-Kompetenz gibt es allerdings Defizite. Diese stammen daher, dass IT-Systeme noch nicht sehr lange und noch nicht in allen Abteilungen eingesetzt werden.
- **Informationsversorgung:** Informationen werden, typisch für das Einliniensystem, nur über die jeweiligen Instanzen weiter gegeben. Abteilungsübergreifender Informationsaustausch findet in formellen Gruppen ansonsten nicht statt.
- **Kommunikationseinrichtungen:** Neben dem Telefon haben vereinzelte Mitarbeiter die Möglichkeit über den hauseigenen Mail-Server per E-Mail zu kommunizieren.
- **Sonstige technische Einrichtungen:** Neben dem Mail-Server gibt es noch weitere Server für einzelne Anwendungen, die als Insellösungen den Abteilungen auf einer Serverfarm im Keller des Hauptgebäudes zur Verfügung gestellt werden.

2.2 Gegenwärtiger Verfahrensablauf und Prozesse

2.2.1 Auftragsabwicklung

Die vom Vertrieb entgegengenommenen Aufträge werden der Produktion in Papierform mitgeteilt. Eine aktuelle Statusmeldung für alle beteiligten Abteilungen und für die Kunden gibt es nicht.

2.2.2 Materialbeschaffung

Die benötigten Komponenten werden, ausgehend von den Zahlen des letzten Quartalls, von den Einkäufern nach Sichtung des Lagers bei irgendeinem Lieferanten bestellt. Rücksicht auf günstige Einkaufskonditionen bei gewissen Bestellmengen wird nicht genommen. Die Bestellungen beim Lieferanten erfolgen über ein Bestellfax.

2.2.3 Gerätemontage

Die Kühlaggregate werden nach Mitteilung durch den Vertrieb nacheinander montiert. Eine mögliche Terminpflicht wird dabei nicht berücksichtigt. Sind gewisse Bauteile plötzlich nicht mehr im Lager vorhanden, wird die Montage an anderen Aggregaten fortgesetzt.

2.2.4 Funktions- und Qualitätsprüfung

Eine Funktionsprüfung nach der Endmontage findet nur statt, wenn gerade zu wenige Bauteile für den nächsten Auftrag im Lager vorhanden sind. Eine Dokumentation dazu findet nur handschriftlich auf Papier statt. Statistiken über Qualitätsmängel gibt es nicht.

2.2.5 Kommissionierung

Da nicht sofort ersichtlich, ob ein Kühlaggregat fertig montiert ist, stehen die Geräte einige Zeit in Produktion herum, bevor sie ausgeliefert werden können. Der Versand erhält nur auf telefonische Nachfrage beim Vertrieb die notwendigen Informationen zum jeweiligen Auftrag. Abtransportiert werden können sie dann nur, wenn gerade ein LKW frei ist.

2.3 Verfahrensschnittstellen

Schnittstellen im Unternehmen Kühlbaulat GmbH gibt es an allen Abteilungsgrenzen. Außerdem sind sie zu den Kunden und zu den verschiedenen Lieferanten vorhanden.

A.12 Schwachstellenanalyse der Kühlbaulat

3 Schwachstellen

3.1 Schwachstellen der Einrichtung

- Ein formeller Austausch zwischen den Abteilungen findet nur bedingt statt.
- Es gibt viele Medienbrüche, da zum Beispiel viel auf Papier ausgedruckt werden muss.
- Eine Dokumentation von Lösungen zu gewissen Problemen im Sinne einer lernenden Organisation gibt es nicht.

3.2 Schwachstellen beim Verfahrensablauf und den Prozessen

- Feste Terminvereinbarungen können oft nicht eingehalten werden, da die Produktion über diese nicht Bescheid weiß.
- Die Montage stockt oft, da wichtige Teile für die Montage fehlen.
- Stark schwankende Belastungen der Mitarbeiter in der Montage.
- Schlechte Zuordnung der fertigen Kühlaggregate zu den Aufträgen
- Fehlende Versandpapiere für die Auslieferung
- Schlechte Dokumentation der Vorgänge
- Sinkende Kundentreu durch die fehlende Einhaltung der Liefertermine
- Keine Einsicht in den aktuellen Auftragsstatus für alle beteiligten Abteilungen
- Notwendige LKWs für den Abtransport sind nicht immer verfügbar
- Mangelnde Dokumentation der Qualitätstests
- Fehlende elektronische Schnittstellen zu Kunden- und Lieferantensysteme

A.13 Soll-Konzept der Kühlbaulat

4 Soll-Konzept

4.1 Erweiterte Einrichtungen

4.1.1 Neugliederung der Organisation

Innerhalb der bestehenden funktionalen Organisationsform der Kühlbaulat GmbH soll die neue Stabsstelle „IT-Koordination" aufgebaut werden, die sich in Zukunft dauerhaft um das IT-Konzept kümmern soll. Dabei sollen in regelmäßigen Abständen Gespräche mit der Geschäftsleitung und den Abteilungsleitern stattfinden, um neue elektronische Wege im Unternehmen umsetzen zu können.

4.1.2 Neugestaltung der Arbeitsplätze und Funktionseinheiten

- **Änderung der Personalqualifizierung:** Um das Wissen der Mitarbeiter in den benötigten Anwendungsprogrammen auf einem aktuellen Stand halten zu können, soll sich die neue Stabsstelle außerdem um die Koordination der Schulungen in diesem Bereich kümmern.
- **Erweiterte Informationsversorgung:** Die Kommunikation über aktuelle und wichtige Themen soll abteilungs-übergreifend realisiert werden. Außerdem sollen alle Abteilungen einen Zugriff auf den Status und weitere für den Arbeitsprozess notwendige Informationen der Kundenaufträge erhalten. Elektronische Schnittstellen zu Lieferanten und Kunden sollen ausgebaut werden.
- **Neue Kommunikationseinrichtungen:** Um die abteilungsübergreifende Kommunikation realisieren zu können, sind neben dem Ausbau der Email-Funktionalität für alle Mitarbeiter, weiterhin Workgroup- und Workflow-Systeme einzurichten.
- **Neue technische Einrichtungen:** Die Kapazitäten der Serverfarm sind an die neuen Anforderungen anzupassen. Neue notwendige Arbeitsstationen sind anzuschaffen.

4.2 Neue fachliche Anforderungen

Bereich	Anforderung	Zwingend notwendig	Optional
Marketing und Vertrieb	Grafischer Überblick über die Kampagnen	X	
	Assistent zur Durchführung von Kampagnen	X	
	Kampagnenstatistik		X
	Elektronischer Auftragsprozess	X	
	Umsatzanalysen	X	
	Bericht zur Verkaufsprozessanalyse		X
Produktion	Fertigungsplanung	X	
	Arbeitsplanung und Vorkalkulation		X
	Überwachung des Fertigungsfortschritts	X	
	Nachkalkulation		X
	Information bei Störungen	X	

Bereich	Anforderung	Zwingend notwendig	Optional
Forschung und Entwicklung	Statistische Auswertungen über die Zahlen und Fakten der Abteilungen	X	
	Verwaltung der Projekte für neue Innovationen	X	
Materialwirtschaft	Materialdisposition	X	
	Bestellvorschlagsbearbeitung	X	
	Belegerstellung und -versand	X	
	Einkaufsreklamation		X
	Wareneingang und Einlagerung	X	
	Kommissionierung und Warenausgang	X	
Personalmanagement	Umfangreiche Personalverwaltung	X	

4.3 Neue systemtechnische Anforderungen

Bereich	Anforderung	Zwingend notwendig	Optional
Wartung und Administration	Technischer Remote-Service 24 Stunden X 6 Tage pro Woche	X	
	Ständige Aktualisierung	X	
	Umfangreiche Dokumentation für internes Wartungspersonal	X	
	Automatische Überwachung des Systems mit Statusinformation an die IT-Abteilung	X	
Datensicherheit	Authentifizierung auf Benutzerebene	X	
	Tägliche Datensicherung	X	
	Web-basierter Zugriff über HTTPS	X	
	Wiederherstellung der Daten innerhalb von einer Stunde		X
Skalierbarkeit	Erweiterung des Systems um weitere Module	X	
	Erweiterung des Systems bei Unternehmensexpansion	X	
	Erweiterung der Hardware bei Erhöhung des Datenbestands	X	
	Schnittstellen zu Altsystemen	X	

	Strukturierte Benutzeroberfläche	X	
Anwenderfreundlichkeit	Schnelle Erlernbarkeit des Softwaresystems	X	
	Umfangreiche ausgearbeitete Hilfefunktion		X

4.4 Künftige Verfahrensschnittstellen

Kundenaufträge sollen in Zukunft transparent von Abteilung zu Abteilung weitergereicht werden. Statusmeldungen und Informationen sind neben dem unternehmensinternen Austausch auch an Lieferanten und Kunden zu übermitteln.

4.5 Rahmenbedingungen

4.5.1 Mengengerüst

Mengengerüst Finanzbuchhaltung	Anzahl	
Mitarbeiter	5	
Debitoren	850	
Kreditoren	50	
Sachkonten	30	
Buchungen/Jahr	10.000	
Eingangsrechnungen/Jahr	1.000	
Ausgangsrechnungen/Jahr	5.000	
Mahnungen/Jahr	300	
Mengengerüst Produktion	**Anzahl**	
Mitarbeiter	230	
Werkstattaufträge	4.500	
Durchschnittliche Durchlaufzeit in Tage	10	
Eilaufträge	100	
Stücklisten	80	
Positionen pro Stückliste	120	
Fertigungsstufen	22	
Arbeitspläne	25	
Mengengerüst Lagerverwaltung	**Anzahl**	
Mitarbeiter	50	
Artikel	3.000	
Lagerorte	5	
Lagerbuchungen/Monat	24.000	
Mengengerüst Einkauf	**Anzahl**	
Mitarbeiter	50	
Lieferanten	70	
Bestellvorgänge/Monat	300	
Reklamationen	20	
Einkaufsvolumen/Monat in Euro	10.000.000	
Mengengerüst Verkauf	**Anzahl**	
Mitarbeiter	50	
Kunden	1.500	
Angebote/Monat	10.000	
Aufträge	4.000	

Rechnungen/Monat	2.000	
Gutschriften/Monat	50	
Handelsvertreter	1.500	

4.5.2 Zeitlicher Rahmen

Folgende Meilensteine sind für das Projekt festzusetzen:

- Zum 29.01.14: Abnahme Ist-Analyse
- Zum 11.02.14: Abnahme Soll-Konzept
- Zum 17.02.14: Abnahme Pflichtenheft
- Zum 14.04.14: Entscheidung für ein betriebliches Informationssystem
- Zum 21.04.14: Abschluss Vertragsverhandlungen
- Zum 22.05.14: Abnahme Systemeinführung

A.14 Pflichtenheft der Kühlbaulat

Pflichtenheft zur Ausschreibung eines betrieblichen Informationssystems für die Kühlbaulat GmbH

Kühlbaulat GmbH
Am Kühlsteig 28-32
75632 Mühlheim

Zuständiger Projektleiter: Herr K.
Bei Rückfragen erreichbar unter 076/7362-34

1 Beschreibung des Unternehmens

1.1 Kurzbeschreibung

Die Kühlbaulat GmbH ist ein mittelständisches Unternehmen mit ca. 500 Mitarbeitern an einem Standort. Das Unternehmen ist funktional organisiert mit der Geschäftsleitung und den Abteilungen Forschung und Entwicklung, Materialwirtschaft, Produktion, Personal und Marketing und Vertrieb. Im Bereich Kühlaggregatbau stellt die Kühlbaulat GmbH kleine Serien für verschiedene Kundengruppen her. Es erfolgt überwiegend eine Montage verschiedener, extern beschaffter Komponenten.

1.2 Unternehmensprofil

Branche	Kühlaggregatbau
Produktlinien	Deckenkühlaggregate, Wandkühlaggregate, Split-Kühlaggregate
Vertriebsstruktur	Direktvertrieb, Großhandel
Mitarbeiteranzahl	Ca. 500
Vorjahresumsatz	100 Millionen Euro
Vorhandene Hardware	Arbeitsplatz-Computer und Serverfarm im Client/Server-Prinzip
Vorhandene Software	Microsoft Windows als Betriebssystem und Microsoft Office-Paket für die Büroarbeit und als Kommunikationsmittel. Vereinzelt gibt es für einige Funktionen veraltet Software, die in Insellösungen arbeiten.

1.3 Betriebsbeschreibung	
Fertigungstyp	Einzelfertiger, Kleinserienfertiger
Auftragsbezug	Kundenauftragsfertigung
Organisationstyp der Ferti-gung	Werkstattfertigung
Steuerungskonzepte der Fertigung	Fertigungsinsel
Fertigungstiefe	gering
Disposition / Beschaffung	auftragsbezogen
Handelsfunktion	mittel
Räumlicher Dezentralisie-rungsgrad	gering
DV-Kenntnisse	gering

1.4 Rahmendaten	
Mitarbeiter gesamt	Ca. 500
Anzahl geführter Verkaufs-artikel	15
Anzahl Standorte	1
Anzahl Lagerorte	1
Beschreibung der Fertigung	Einzel- und Kleinserienfertigung in der Werkstatt
Beschreibung des Einkaufs	Zentraler Einkauf
Beschreibung des Kosten-rechnung	Vollkostenrechnung
Beschreibung des Vertriebs	Direktverkauf und an Großhändler

1.5 Unternehmensstruktur

2 Ausgangssituation

Die derzeitige eingesetzte Software ist veraltete, wird teilweise schon lange nicht mehr gewartet und entspricht nicht dem Stand der Technik.

3 Ziele des Einsatzes der Anwendungssoftware

Ziel	Notwendig	Optional
Zentrale Datenhaltung in einer relationalen Daten-bank	X	
Vollständige Unterstützung der Abteilungen bei der Auftragsbearbeitung	X	
Schulung des IT-Fachpersonals und der Mitarbeiter in den Abteilungen	X	
Ständige Weiterentwicklung der Software nach allge-meinen Standards und Standards der Branche	X	

Transparenz der Prozesse entlang der Wertschöpfungskette innerhalb des Unternehmens herstellen	X	
Schnittstellen für den Informationsaustausch zu Zulieferbetrieben einführen		X

4 Technische Anforderungen

Die Systeme sind in einer Client-Server-Struktur aufgebaut. Die neue Software ist auf einer virtuellen Maschine auf dem zentralen Virtualisierungshost zu installieren.

Weitere technische Anforderungen sind der Anlage 13 – Soll-Konzept – Punkt 4.3 zu entnehmen.

5 Fachliche Anforderungen

Die fachlichen Anforderungen sind der Anlage 13 – Soll-Konzept – Punkt 4.2 zu entnehmen.

6 Randbedingungen

6.1 Mengengerüst

Das Mengengerüst ist der Anlage 13 – Soll-Konzept – Punkt 4.5.1 zu entnehmen.

6.2 Gesetzliche Vorschriften

- Die Vorschriften des Bundesamts für Sicherheit in der Informationstechnik (BSI) sind einzuhalten
- Die Revisionssicherheit gegenüber Behörden, insbesondere gegenüber dem Finanzamt ist zu gewährleisten

6.3 Performanceanforderungen

- Einfache Abfragen sind innerhalb einer Sekunden grafisch anzuzeigen
- Für umfangreiche Auswertungen hat die Software drei Sekunden Zeit

6.4 Verfügbarkeitsanforderung

Der Zugriff auf das System ist 24 Stunden, 7 Tage die Woche zu gewährleisten.

7 Projektplanung

Der zeitliche Rahmen des Projekts ist der Anlage 13 – Soll-Konzept – Punkt 4.5.2 zu entnehmen.

8 Anforderungen an den Softwareanbieter

Jahresumsatz	Mind. 100 Mio. Euro
Anzahl Mitarbeiter	100
Anzahl Entwickler	30
Anzahl Hotliner	10
Anzahl Berater	20
Jahr der Erstinstallation	Mind. vor 2008
Anzahl Referenzkunden	15
Anzahl der Installationen	40

A.15 Checkliste zur Anbieteraussortierung bei der Kühlbaulat

Checklistenpunkte	Wird erfüllt	Wird nicht erfüllt
Ist die gegenwärtige finanzielle Situation des Softwarehauses gut?		
Hat das Softwarehaus einen soliden Altbestand an Kunden und ein ausreichendes Neugeschäft?		
Ist das Softwarehaus insgesamt bezogen auf das angebotene Produkt in der Gewinnzone?		
Hat das Softwarehaus die zum Überleben notwendige personelle Mindestgröße?		
Hat das Softwarehaus genügend finanzielle Kraft und Reserven zur Pflege und Weiterentwicklung des angebotenen Produkts?		

Sind qualifizierte Führungskräfte und Mitarbeiter vorhanden?		
Hat das Ihrem Unternehmen angebotene Produkt für das Softwarehaus einen so große Bedeutung, dass es dieses nicht fallen lassen kann?		
Kann das Softwarehaus eine Lebensdauer garantieren, die mindestens dem Lebenszyklus Ihres Softwareprodukts entspricht?		

In Anlehnung an Grupp (2003), S. 143 f.

A.16 Nutzwertanalyse der Kühlbaulat

		Gewichtung		Microsoft – Dynamics		Sage – Classic Line		SAP – Business All-in-One	
Nr.	Kriterien	Absolut	Relativ	Punkte	Nutzen	P.	N.	P.	N.
1	**Allgemein**	**20**	**0,2**						
1.1	Praxisorientierung	6	0,06	3	0,18	5	0,3	4	0,24
1.2	Zukunftsorientierung	6	0,06	4	0,24	3	0,18	2	0,12
1.3	Bewährtheit und Verbreitung	8	0,08	2	0,16	3	0,24	4	0,32
2	**Funktionen**	**30**	**0,3**						
2.1	Stammdatenverwaltung	4,5	0,045	4	0,18	5	0,225	3	0,135
2.2	Auftragsverwaltung	4,5	0,045	3	0,135	2	0,09	2	0,09
2.3	Bestellwesen	3	0,03	4	0,12	3	0,09	4	0,12
2.4	Produktionsplanung	6	0,06	2	0,12	4	0,24	5	0,3
2.5	Lagerverwaltung	3	0,03	1	0,03	2	0,06	2	0,06
2.6	Versandwesen	4,5	0,045	3	0,135	4	0,18	5	0,225
2.7	Berichtswesen	4,5	0,045	2	0,09	3	0,135	3	0,135
3	**Systemtechnische Funktionen**	**15**	**0,15**						
3.1	Anpassungsmöglichkeiten	5	0,05	3	0,15	4	0,2	4	0,2
3.2	Schnittstellen zu Altsystemen	5	0,05	4	0,2	3	0,15	2	0,1
3.3	Zugriffskontrolle	3	0,03	5	0,15	5	0,15	4	0,12
3.4	Backup-Funktion	2	0,02	2	0,04	4	0,08	2	0,04
4	**Anwenderfreundlichkeit**	**20**	**0,2**						
4.1	Benutzeroberflä-	8	0,08	3	0,24	5	0,4	4	0,32

	che								
4.2	Erlernbarkeit	6	0,06	4	0,24	3	0,18	2	0,12
4.3	Hilfefunktion	6	0,06	2	0,12	3	0,18	4	0,24
5	**Anbieterbeurtei-lung**	**15**	**0,15**						
5.1	Firmenbeständig-keit	5	0,05	3	0,15	4	0,2	3	0,15
5.2	Fachliche Qualifi-kation	4	0,04	4	0,16	1	0,04	4	0,16
5.3	Schulungsmög-lichkeiten	3	0,03	3	0,09	3	0,09	5	0,15
5.4	Erreichbarkeit Support	3	0,03	5	0,15	4	0,12	3	0,09
	Summen:	**100**	**1,0**		**3,08**		**3,53**		**3,44**
	Gewichtung:	Von sehr wichtig (8) bis unwichtig (2)							
	Erfüllungsgrad:	Von Anforderungen vollständig erfüllt (5 Punkte) bis Anforderungen nicht erfüllt (0 Punkte)							
	Gewichtung der Punktwerte:	Gewichtung X Erfüllungsgrad = gewichtete Punktwerte							
	Vergleich der Nutzwerte:	Summen der jeweils gewichteten Punktwerte							

Bei dieser Nutzwertanalyse zeigt die Fa. Sage mit dem Produkt Classic-Line den größten Nutzwert.

In Anlehnung an Grupp (2003), S. 156

A.17 Erfolgsfaktoren für IT-Projekte

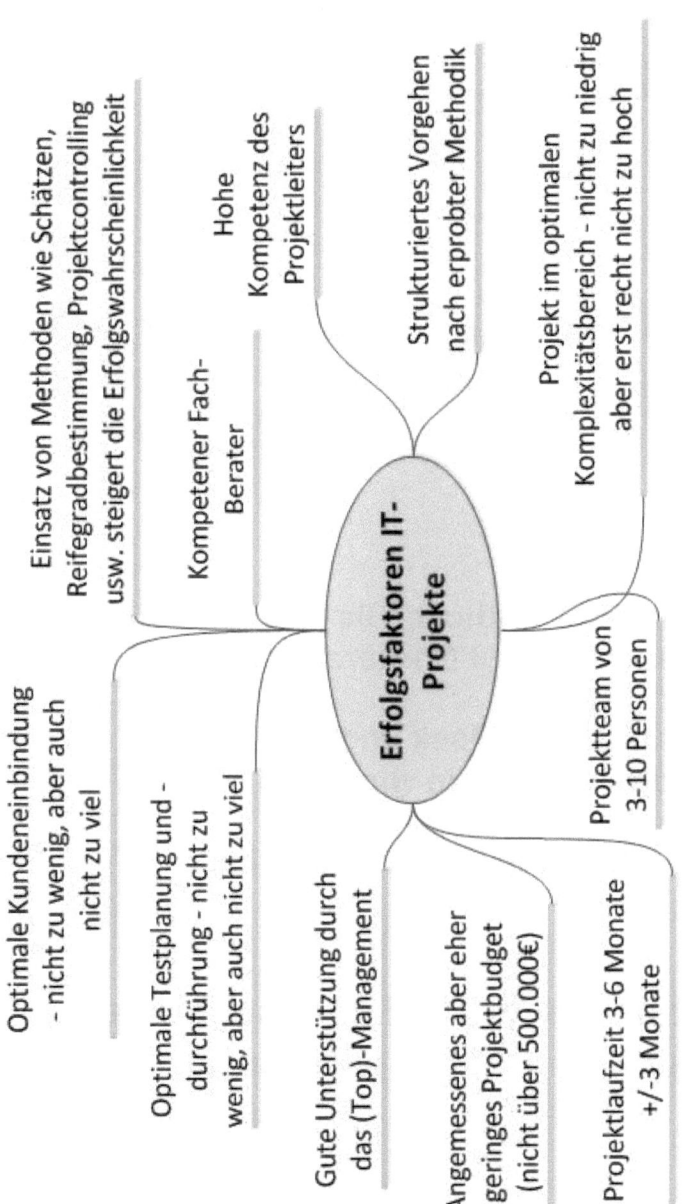

Optimale Kundeneinbindung - nicht zu wenig, aber auch nicht zu viel

Einsatz von Methoden wie Schätzen, Reifegradbestimmung, Projektcontrolling usw. steigert die Erfolgswahrscheinlichkeit

Hohe Kompetenz des Projektleiters

Kompetener Fach-Berater

Strukturiertes Vorgehen nach erprobter Methodik

Projekt im optimalen Komplexitätsbereich – nicht zu niedrig aber erst recht nicht zu hoch

Erfolgsfaktoren IT-Projekte

Optimale Testplanung und -durchführung - nicht zu wenig, aber auch nicht zu viel

Gute Unterstützung durch das (Top)-Management

Angemessenes aber eher geringes Projektbudget (nicht über 500.000€)

Projektlaufzeit 3-6 Monate +/-3 Monate

Projektteam von 3-10 Personen

Vgl. Buschermöhle (2006), Kapitel 7